사랑 공식

사랑 공식

이정이 제3시집

인간과문학사

시인의 말

세 번째 시집을 내며

여름 한날 대자리 위에서 바람의 소리를 들을 수 있다면,
바람의 말을 들을 수 있다면,
대나무 숲의 소리를, 대나무 잎의 노래를 들을 수 있다면,
이게 바로 시가 아닐까요?
시는 바람이고, 햇빛이고, 비이고, 눈물이어요.
바람처럼 왔다가 눈물처럼 행간을 적셔요.
삶을 읊조리고 지나가는 내 인생 파노라마 단면들을
나직이 속삭여 봐요.

그렇고 그런 날들 위에 끄적여 본 글들을
'시'라는 작품으로 엮어 봅니다.
늘 부족하고 부끄러운 생활 시입니다.
먼저 하나님께 감사드립니다.
처음 시를 알게 하고, 가르쳐 주신 유한근 교수님께 감사를 드립니다. 옆에서 도와주신 문우 이인환 작가님과 한결같은 마음으로 항상 지켜보아 주신 우리 가족들과 고덕 아침문학회에서 합평으로 도움 주신 문우님들에게도 고마움을 전합니다.

2025년 여름
이정이

차례

시인의 말

제1부 그 사람

오른쪽 길 • 13
하이선 • 16
화물차 소리 • 18
적 • 20
두건장이 • 22
진도 아리랑에 부쳐 • 24
돌아선 등 • 26
불청객 • 28
겨울 부채 • 30
파 뿌리 • 32
취잠 • 34
소금장수의 기억 • 36
마라톤 계칩啓蟄 • 39
그 사람 • 40

제2부 그윽한 밤

바람 들다 • 43
장미 두 그루 • 46
이끼 바위 • 48
아이들에게 길을 묻다 • 50
무명씨 • 52
미미한 • 54
푸른 빗살무늬 머금고 • 56
부부 연가 • 58
은행잎 가로수길 • 60
금지의 시간 • 62
나는 그의 • 65
그윽한 방 • 68
입이 쓰다 • 70
가볍게 가볍게 • 72

제3부 소멸의 끝

어물전 • 77
스프링 • 78
초승달 • 80
그는, 그리움 • 82
바위 그리다, 사진 • 84
새 집, 오래된 사람 • 86
나뭇잎 • 88
웃는 눈사람 • 90
봄이 오는 길목 • 92
소멸의 끝 • 94
기다렸다 • 96
햇귀 • 98
낙화 • 100
사랑 공식 1 • 102

제4부 빈집

비가 • 107
정자나무 그루터기 • 108
불통 • 110
몸의 이력 • 112
바람꽃처럼 • 114
그 길 • 116
한 송이 민들레 • 118
감로꿀을 위하여 • 120
외돌 바위 • 122
비와 여름 • 124
빈집 • 127
삼거리 정거장에서 • 130
일몰 • 132
바다 정원 • 134

제5부 새벽 향기

원앙새 • 139
층계참, 숨 터 • 140
적란운 빛 • 142
사랑 공식 2 • 144
지팡이 • 146
짧은 전화 한마디! • 148
곧을 정貞 • 150
벌거숭이 민둥산 • 152
편애 • 154
능소화 • 156
주름치마 바위 • 158
빈 그릇 • 160
삶의 주머니 • 162
새벽 향기 • 164
흰 눈 • 166

• 이정이의 시 세계
새로운 세계의 열망과 영적 몽상
유한근(문학평론가 · SCAU 교수 역임) • 170

제1부 그 사람

오른쪽 길

큰길로 가도 차는 왼쪽
내 길은 오른쪽
에스컬레이터에서도 내 길은
언제나 오른쪽으로 걷고

오른손으로 수저를 잡으라고
오른손으로 연필을 잡으라고
바른길, 옳은 길로 다니라고
귀가 따갑도록 듣고

오른쪽은 낡고, 해지고
헐겁고, 삐걱거려
삶의 무거움에 지친다

오른쪽 눈은 건조하고 침침해 눈꺼풀은 자꾸만 내려오고 잘 보이지 않아 인공눈물이 필요하고 오른쪽 코뼈는 휘어지고 코는 통로가 좁아 숨을 못 쉬어 콧물 비염을 유발하고 오른쪽 어깨는 무거워 쳐지고 오른쪽 날갯죽지는 등뼈가 지주가 되지 않으면 제구실도 못 하고 오른쪽 허리는 디스크로 오른쪽 허벅다리의 신경을 누르고 오른쪽 발은 지쳐서 발목이 겹질려지고 엄지발가락은 무지외반증으로 오른쪽으로 구부러지고 뼈는 혹처럼 밖으로 돌출되고 오른쪽 발바닥은 족저근막염으로 바닥을 디디면 아프다

    옳은 길만 바라보는 삶
    오른쪽 눈이 피곤하고
    오른쪽 발이 피곤해
    발걸음이 휘청거린다

    오른쪽 숟가락도 무겁고
    엄지와 검지 사이 끼인
    연필도 버겁다
    오른쪽을 좀 쉬게 하고 싶다

    왼쪽 길도 보고 싶다
    오른손이 못다 한 일을
    왼손이 하고 싶다
    왼쪽 길로 가고 싶다

똑 바른길이 아니어도
괜찮다
삐뚤삐뚤 걸어도
괜찮다
오른쪽 곁엔
다른 길이
왼쪽 길도 있다

하이선

태풍이 휩쓸고 지나간
바닷가 한 모퉁이
형형색색의 쓰레기만 퍼질러 앉고
처참한 흔적에
바다는 몸살을 앓고
시원한 바람은 시치미를 떼며
불어오고

한없이 넓고 막막한 바다에
갈매기 한 마리
잃어버린 어미를 찾아
짧은 날개를
퍼덕이고

8월이 가버린 자리
태풍이 지난 9월에
푸른 바다 한 뭉텅이를 떼어서
태풍으로 무너진 살림살이

멍울진 가슴 가슴에
푸른 깃발을 꽂아주고 싶다

파란 하늘이 9월 속에서
나도 있어요
희미한 햇귀 한 줄기
벼이삭을 어루만진다

화물차 소리

자동차 바퀴 구르는 소리가
빈 마당에서
베란다 유리창을 넘어
내 귀에 선다

화물차에는 아무것도 실려 있지 않았다

오르는 발걸음 소리가
뼈만 앙상하게 남아
허공에 매달려 있는
계단을 울리고 만다

현관문에서 바람이
빠져나간다
그가 선다
그제야 화물차에 실려 있던
그의 소리 없는 마음의
파편들이 모여

사랑의 전설로, 노랫소리로
내 귀로 걸어 들어온다

적

가까이하기엔 까맣게 타고
멀리하기엔 미지근하고 익지도 않고
사랑할 때 적당이가 가능할까
정에 중용이 통할까
멀어지면 보고 싶고 아쉽고 그리워지고
가까이 보면 얄미운 짓만 보인다

쌓은 만리장성은 어디로 가고
미움만 남기고
등짝을 보이고
끝내는 돌아서는

타오르는 장작불에
무쇠 솥뚜껑 거꾸로 걸쳐놓고
기름을 두르고
지짐지짐 굽는 적
부침개 부치는 소리
문밖 비 오는 소리
지짐거린다

뜨끈한 온돌방에서
마주 보고 앉아
나무젓가락으로 찢어먹어도
찢어지지 않은 마음
오순도순 머리를 맞대고
뜨겁고 따끈하고
쩍쩍 들러붙는 맛에
쩝쩝 입을 내주는
얄미운 그 맛

두건장이
― 여이설화驢耳說話

실패를 풀어 두건을 만들어
귀를 가리고 덮는다
나는야 귀를 지키는 자
입을 지키는 자
귀는 보이지도 들리지도 않는다
추위도 더위도
기척도 기색도 없다

가슴이 답답하다
귀를 막는 짝사랑에
소리가, 말이 너무 고프고
입이 무거워
입안에서 가슴 속에서
맴맴 돌고
말들이 아우성을 친다

신라의 달밤
길어진 왕의 귀를 지키기 위해
내 입의 비밀을 지키기 위해

긴 세월- 벙어리 신세
터질 것 같은 가슴을 안고
결사적으로 귀를 지킨다
입을 지킨다

대숲에다 소리를 배설한다
귀의 소리가 요란스럽게
떠들었다
이 대에서 저 대로
입들이 말을 한다
모두가 아는 공공연한 비밀

이곳에
산수유가 노란 꽃잎을 터트리며
하늘하늘 웃는다

진도 아리랑에 부쳐

차갑고 떨리는
칠흑같이 어두운 밤바다에
홀로이 배 떠나간다
울돌목 거센 물살에
아리랑 가락이
밤바람 사이에서 펄럭인다
유배 온 사람들의 시린 가슴에
섬들이 떠다니고
아리랑 가락은 여울지고
희끄무레한 실루엣들이 느물거린다
몽롱한 해무에 아련한 노랫가락만
뱃전을 하얗게 두드린다

갈매기 소리
검노래
흥글 소리 신세타령이
울돌목에 여울진다
아리랑이 검은 바다에
넘실거리고

자꾸만 멀어져 가며
아리랑을 부른다
사진 속의 아이들은
여전히 어리고 여리게
점점 스러져 가고-
가는 세월 붙잡지 못해도
나도 우리도
아리랑을 부른다

돌아선 등

보이지도 않고
손이 닿지도 않고
그저 가만히 있어야 하고
맨바닥에 누우면
맨몸이라
등은 아프고
기대고 싶고
기댈 곳이 없고
등짝은 내주기만 하는 건가

등 돌리고 보니
돌아선 냉정한 발자취가
아련하게 그립고
돌아서서
어깨를 들썩이며
우는 당신의 모습
처량하고 가련했지

쓸쓸한 검은 그림자는
한 그루의 헐벗은 나무처럼
건조하고
따돌려진 등은 안쓰럽고
평생 가슴과 척지고
안을 수가 없고
여기저기 등짝이 떠밀려도
등이 앉을 곳은 없고

불청객

춥고 한기 들고 덜덜 떨리고
열이 펄펄 온몸에서 끓고
기침 콧물이
연발로
시시때때로
튀어나오고

여기저기서
눈총들이 따갑게
눈알로
튀어나오고

이 계절의
단골손님

이열치열
뜨거운 이불 속에 도사리는데
떠나야 하나 남아야 하나
내 몸 안에서

치열하게 싸우고

무형 무색 무미 무취로
온 세상 요란하게 출몰하고
종횡무진 티브이를 점령하고
사시사철
더 큰 공포의 손님으로
자리 잡고

그는
입을 가린 마스크 속에
숨어든다

겨울 부채

춥고 오슬오슬 떨리고
한기가 든다
머릿속이 하얗게 질리고
입이 마르고 목이 탄다
붉은 불빛이 있어야 하는데
붉은 딱지만 너절하다

길이 보이지 않는다
미로다
막다른 길이다
법이란 문패가 달린 곳에 가고
문을 두드려봐도
시원치 않다

희망이란 불빛을 찾아도
눈에 들지 않는
가물거리는 흐릿한 빛
봄이란 따뜻함의 계절은
너무 멀고

아예 여름을 찾아가야 할까

부채를 부친다
부채질에
불난 가슴이 타들어 간다.

부채 그림 속의 하얀 도인이 튀어나와
도술을 부릴까
지나가는 한 줄기 시원한 바람이
부채의 손에 이끌려 힘을 보탤까

푸른 바람은 부채에 기대고
부채는 바람에 기대어
광풍으로 겨울을 건너간다

파 뿌리

삶이 한 타래의 실을
양쪽 발에 걸쳐놓고
실패에 감고
실은 술술 풀려나오고
감기다가 엉키고, 풀고, 또 감기고

삶의 자드락에서
하얀 뿌리들이
매장 진열대 위에 가지런히
눕혀져 있고
하얗고 쭉쭉 뻗은
기다란 다리를 뽐내며
선택될
주인의 시간을 기다리고
인생의 요리 솥 속으로
들어갈 마지막 황홀경

흰 실과 검은 실은
온방에 솜이불 펼쳐놓고

광목 이불깃은 네 귀를 맞추며
시침질하고
오방색 실은 삼각 귀를 맞추며
밥상 조각보와 베갯잇을 잇대니
알록달록 무지갯빛으로 빛나고

귀밑머리 하얀 서리 앉아
목화솜의 희디흰 추억을 뒤집어
삶의 요리 솥에서
파 뿌리 같은 인생들이
엉킨 삶들을 풀어놓고
타닥타닥 익어가고

취잠

시간은 정지되고
추를 매달은 눈
눈은 배꼽보다 앞서고

몸은 박제되고
때를 잊은
눈에 정신이 매달려
막대 솜사탕 들고 놀이공원
롤러스케이트 까르르-
올라가고 내려가고

꿀맛같이
달콤하고 맛있는
그 길

빈 배에 입맛만 다시고
늙으면 어린아이가 된다더니
이런 망신살!

허기져 꺼진
하얀 눈길이
눈 마중을 나오고

소금장수의 기억

강도 아니고 바다도 아닌
삼각지 로터리
흰머리 풀어헤친 백수광모
억새와 갈대를 꺾는다

소금은 그녀의 어린 날로 가고
별빛처럼 초롱초롱한 눈으로
반짝거린다
기억의 강은
깜빡깜빡
가물가물거리며
저물어간다

백수광부는 님의 머리 위에
갈대를 꽂아주고
님의 기억을 잡으려고
안간힘을 쓴다

님아! 오늘은 뭘 했는가?

몰라!
오늘 소금 장사를 하지 않았는가?
맞아!
그럼 공책에다
보석 알갱이같이 하얗고 빛나는
짜고도 깊은 그 맛을 향해
강을 건너고
바다를 건너왔노라고 적어라!

꽃다운 스무 살 님을 잡으려고
그대의 주변 사람들에게
소 한 마리 값을 풀었건만
님 없는 내 삶은 어떡하라고
기억이여! 가지 마오
나를 떠나지 마오
나를 기억해 주오
님아! 그 강을 건너지 마오
나의 손을 꽉 잡으시오
나는 님을

레테의 강, 망각의 강
죽음의 차가운 강을
건너가게
놓아둘 수가 없다오

마라톤 계칩啓蟄

겨우내 움츠렸던 다리에
모아 힘내어
단번에 폴딱 뛰어
경주한다

손 짚고 엎드렸다가 탕 뛰니
움츠렸던 겨울은 뜀박질 선수
산과 들이 수런거리고
계주를 여기저기 넘기기가 바쁘고
개골개골 개구리 우는 소리
팔딱팔딱 뛰어뛰어
경주한다

그 사람

푸른 빛으로
내게 건너온
그 사람은
블루의 꿈을 안고
뜨거운 열정을
땀방울로 쏟았고

그리움이 젖어 드는
노을에 서서
가을 열매의 달콤함으로
감사와 축복을
들어부으면
어스름 저물녘
푸른 들판에 서 있던
그 사람이
들국화 옆에서
더욱 아름다운
황금빛 들녘이 되고

제2부 그윽한 밤

바람 들다

돌멩이 앉은 자리
한여름 뜨겁게 달궈져서 한증막
한겨울 차갑게 식혀져서 차가운 얼음덩이

돌멩이들 차곡차곡 쌓여가고
오랜 시간 햇빛 달빛 별빛 먹고 자라고
나무와 풀, 꽃과 벌레들 친구 되고
내피로 다져지고 응고되고
풍상에 깎여지고 일그러지고 부서지고
외로이 서서 고독과 싸우고
해와 눈 비바람 맞고 견디고
돌멩이 얹어놓고
돌멩이 쌓이고
아랫돌 위에 윗돌 올리고

속에 쏙 채우는 속 채움 돌
돌멩이가 둥글둥글 돌
아랫돌 지그시 눌러주는 묶음 돌

기다란 돌
세움 돌 모서리 돌 틈막이 돌 덮개 돌
와르르 무너지는 울울한 돌
각진 돌, 둥근 돌, 자잘한 돌,
납작하고 반듯한 돌, 못난 돌, 잘난 돌

바람 든 돌담에 바람이 드나들고
세상 이야기 들려주고
잎이 날 때 연두색 잎의 꿈
꽃이 필 때 아름다운 꽃의 노래
견고하고 기다란 돌담에 바람 따라 낙엽 지고
우수수 구멍 드나들고
푸석푸석 구멍 메우고
바람을 받아주고 보내주는 돌담

바람 든 돌담, 돌멩이는 작은 구멍에 코 박고
뻔뻔한 여유 부리고
검은 밭담, 뱀처럼 구불텅하게

황소바람 지나간다
바람 든 돌담 위 돌멩이
흑요석처럼 빛난다

장미 두 그루

I
노란 장미
햇살의 뜨거운 시샘
병약한 얼굴, 질투에 눈멀고
누렇게 뜬 꼬인 심사
속앓이는 깊어지고
꽃잎은 푸석거리고

장미 붉은 정열, 뭇시선
배반의 붉은 아픔
유혹의 과부하
찔린 상처 철철 피 흘리며
돋아난 가시를 세우고
검은 울음 울었다

II
비바람 무섭게 치던 날
빈들에 두 그루
장밋빛 꿈을 심었다

노란 장미
햇빛을 우러러보며
노란 웃음 웃고
온 들판 황금빛으로
물들고

붉은 장미
산 위에 걸린
붉은 해를 바라보고
진홍빛 붉은 상처
딱지로 떨어지고
흑장미로 자라나고
물들고 철들은 장밋빛 꽃의 꿈
두 그루의 장미, 들녘의 꿈

이끼 바위

산을 닮은 모습
산이 낳은, 산의 자식
비바람 햇빛에 뭉개지고 바스러져도
봄 여름 가을 겨울

다시 응고되어
굳은 몸에 파란 내공 쌓고
다 같은 산의 아들이지만
사람들 나다니는 길목에서
음지에 앉아 뭇시선 받지 못해도
산을 닮은
산의 작은 모습

마르지 않는 물때
푸른 잔디처럼 이끼를 키우고
푸른 옷을 입은 고풍스러운 모습
길목에 앉은 작은 바위
넓지도 크지도 않는 몸

외돌아져 앉은 자리
사람들 땀방울 그리워
외로이 소외된 고독이
온몸을 짓누르고
촉망도 기대도 없을 터

산 높고 깊은 골짝
도토리나무 작은 풀꽃 친구삼고
푸른 이끼 의지하고
푸른 여름옷을 입은 낭만
갈색 겨울 알몸으로 맞서네

아이들에게 길을 묻다

손가락 길은 짚고 짚어도
알 수 없는 숫자들과
자음, 모음 나열 조합에
혼란스럽고
좌판에 손전화기에
아리랑 눈물고개보다
더 힘들고
씨줄 날줄 베틀보다
더 복잡하게 얽히고설키고

아이들이 손가락 춤을 추고
눈과 손가락이 재빠르게
쉭쉭 화면이 잘도 넘어가고

젊은 날
길을 묻는 아이들에게
하얀 가르마 같은
논두렁길을 오솔길을
손가락으로 가리켰건만

이제 아무도
그 길을 묻지 않고

얼굴도 정체도 모르는
생소한 것들이
판- 벌리고
인터넷이 씽씽
따따따 따다닥 잘도 넘어가고
언제까지 어디까지
빨리만 갈 건지!
이 길은 아이들을 따라가고
손가락 전쟁을 치르는
아득한 길

무명씨

하늘 위 하염없이 만들어졌다가
흩어지는 뜬구름이 그랬을까
강 위를 휘몰아치다가 고요해진
강물이 그랬을까
산골짜기 산을 버텨주는
작은 바윗돌이 그랬을까
땅 위 작은 풀꽃
손짓들이 그랬을까
배를 끌고 다니는
지렁이의 배가 그랬을까
짐을 집으로 지고 다니는
달팽이의 더듬이가 그랬을까

한살이 삶이 고단하고 지치고
애달파

저 하늘 뭇별들
작은 별 하나

별똥별을 그리며
떨어지고

살다 살다 허기진
인생 하나 떨어지고

미미한

눈을 뜨고, 감아도
고요하다
보이지 않아 할 말이 없고
한 점 바람 소리에
나뭇잎 한 닢
윤기를 반짝이고
나무 이파리 사이
작은 틈으로
눈부신 하늘 햇빛을 우러러보며
숨결을 가다듬는다
기름지지만, 아닌 듯

공중 나르는 잠자리도 나비도
사랑스러운 날갯짓
보이지 않는 듯 흐느적거린다
단조롭고 고요하다
요란한 빈 깡통이 아닌
근엄한 침묵의 시간이
우주를 움직이고

보이지 않아도 믿을 수 있다면
이것은 딴 게 아닌
천국의 숨소리
나뭇잎 떨어지고
사람은 가고, 명망도, 육체도
떨어지는 한 송이 꽃이요
지나가는 한 줄기 바람이어라

푸른 빗살무늬 머금고

뜯기고 뽑히고
데치고 말리고
깨소금 참기름 소금 맛으로
무쳐지고
뜨거운 불구덩이에서
기름으로 볶아지고 튀겨지고

흰색 푸른색 붉은색 검은색
점점 익어가는 색
갓 나온 여린 잎도
햇빛, 비, 바람에 익은 잎도
한 철
잎 나자 잎 떨어지고
그 나물에 그 밥
철나자 바투 부둥켜안고
뜨거운 눈물로
파란 울음 울고

봄 햇발은 너그럽고
지나가는 가을 볕살은
쥐꼬리만큼 짧고
들국화 향기 아스라한
산골짜기 들녘에
청정한 하늘 물 마시고
색깔은 푸르딩딩하고

몸 바친
나
물

부부 연가

그것이 싹이 트면
원하고 바라고
이해, 배려, 보살핌, 동정
자애 긍휼 관심
그것은 끝없이 솟아나는
우물

우물엔 얼마만치
물이 있는지 모르고
풍덩거리며 두레박으로
물을 퍼 올리고
그것은 목마르다고 불평하고
그것은 소유 욕망 집착
한없이 갈구하고
끝없이 바라보고

그것은 지평선
그것은 12 완성자가 아닌
11자로 부족한 채 가기만 하고

11자의 그림 같은 풍경
나란히 나란히 가는
동반자가 아닌 동행자

그것을 지키는
가깝고도 먼
신비스러운 당신의 모습
그것은 영원하지 않지만
그것이 떠나면
온 세상이 떠나고
그 끝은 실망과 절망
오지 않는 그것을
손꼽아 기다리고
그것은 불멸의 연가일 뿐

은행잎 가로수길

I
까르르 까르르
길가에 웃음소리 들리고
붉은 해가 서산에 걸리면
샛노란 부채꼴 이파리들이
선명하게 반짝이고

떨어진 잎새들을
사박사박 밟으며
모두 가을 길을 가고
쓸쓸한 바람 부는 길가에
우뚝 선 빛나는 노란 잎새들
길들에 쓸려가고

후드득 후드득 비바람에
우수수 우수수
가을 길을 재촉하고
한적한 숲길로
풍덩 강물로

도랑으로 내달리고
한 잎 두 잎 그렇게

길가에 떨고 서서
얼어붙은 겨울로
들어가지

II
예쁘다
귀엽다
사랑스럽다
황홀하다
가을의 마지막 향연을 즐기고
은비가 하늘하늘 내린다

금지의 시간
- 신호등 앞에서

검은 밤에도
빨갛게 빛을 내고
색감은 강렬하고 탐스러워
발걸음을 멈추고

건너가고 싶은 유혹에
그 너머 그곳이 그것이
궁금해지고
호기심 발동

삶과 죽음의 곡예
넘어가고 싶은 유혹에
안달이 나고
두렵고 불안하고
안절부절 망설임
마음 방황
노란색으로 돌아가고
숨이 달달 콩 볶는
가쁜 소리를 내고

한 발자국 가까이 가 보고
절벽 끄트머리에 서고

기다리면 초록의 시간이 오련만
잡으려고 불나방처럼
뛰어들고 싶은
초조한 마음은 뭔지
바빠지고
돌아갈까 건너갈까
기다릴까
지름길은 없고

인생의 달고도 쓴맛에
혀가 녹아내리고
파멸의 불구덩이
쟁취의 환희
선택의 기로

눈을 딱 감고 외면하고

쉼의 시간
미련하게 기다리고
시간은 금지를 넘어
지나가고

나는 그의

구부러진 목뼈에
양어깨를 펼치고
늘 높이 걸려 있어도
무겁지도 외롭지도 않았고
그의 체취를 음미하며
보드레한 감촉에 기대고

멋있는 나래를 펼칠
비상의 꿈에 부풀었고
어느 날 화려한 꽃무늬로
어느 날 붉은 정열로
어느 날 검은 경건으로
그를 맞았고

삶의 무게에
뻣뻣한 어깨가 무거웠고
그의 웃음소리가 냄새로 배어와
내게 기대었고
그의 짜증 소리가 냄새로 배어와

나를 슬프게 했고

슬픔에 짓눌려
어깨를 들썩이며 울었고
나 또한
그의 아픔을 외면했고

내 어깨뼈는 너무 가늘었고
힘이 없었고
유연하지도 않았고
그의 무겁고 많은 옷을
받아내기에는
삶의 연륜이 부족했고

앵돌아져 앉았던 날도
돌아서 버린 날도
그의 슬픔은
내게 진하게 젖어왔고

나는
그의 등을
바라만 보고
그의 옷깃을 여미며
한없이 마음을 넓히고
내 어깨뼈는 꼿꼿이
힘줄이 생기고

나는 그의 옷걸이

그윽한 방

뜨겁고 붉은 해가 지고
차갑고 노란 달이 뜨고
반짝이는 뭇별이 점점이 나오면
적막 같은 조용함이 밀려오지

그곳에 가면
방 하나 있고
문은 닫히고
나를 포근히 감싸 안지
나는 그곳에 침잠되어
쌕쌕이며 잠을 청하지

눈을 감아도
머릿속을 헤집고
길을 잃어 헤매고
신발을 잃어버리고
일행을 놓치고
떠나는 버스를 놓치고

떨어지지 않는 무거운 발걸음을
어렵게 떼곤 하지

세상사 아무것도 보이지 않고
아무 일도 하지 않고
아무 생각도 하지 않고
누구에게도 시달리지 않고
누구를 보살피지도 않고
누구 눈치도 보지 않고
누구 비위도 맞추지 않고
들리지 않는 적요 속에서

입이 쓰다

누군가는
잎이 쓰다고 말하지만
내 입에서는
입이 쓰다는 말이
익숙하고
입에 들어가는 것이
제다 쓰고

누렇게 뜬 전 잎을 뜯어내고
끓는 물에 데쳐 슬금슬금 썰어 담아
들기름에 조물조물 무치면
들척지근한 단맛이 날 만도 하건만

입에서는 쓴맛만 올라오고
입에서 나오는 것은 말조차도 칼이 되고
배출되면 냄새도 구리고
한 치 혀는 설태가 끼어 구취가 나고
맑은 물에 헹구어도 소태처럼 쓰고
설태가 낀 혀

진이 빠진 몸의 물기
빠져버린 단내
혀 속에 녹아버리고 새어 나간
한때 아름답던 시어들
그들은 아직도 싱그러운 자연 속에서
춤을 추고
인생의 단맛 쓴맛을 맛보고

풋풋한 풋내가 사라진
꽃을 만들어낸 잎
햇볕에 바래어 짙다 못해 검푸르고
두껍고 질기고 억센 잎들
깊이 우려낸
입에 쓴 검은 잎은
쓰기만 한 것일까?

가볍게 가볍게

Ⅰ
검은 흙 뒤집고 고개 내민
아픈 살
봄 햇살 까르르 반가워
연두색 풀잎 온몸으로
보들보들한 숨구멍 입으로 하품하고

봄이 튀어 오르고
개구리 뛰어 오르고
겨울을 벗어 던지고
발바닥은 간지럽고

삶의 깜깜한 터널 속에서
가녀린 눈 떴고
잎눈 튀어 물이 오르고
자라며
봄을 보고

II
개울 물 쪼르르
흐르는 소리에
봄은 옷에 붙었고

어제는 내 옷걸이에
오늘은 내 어깨에 매달린
걱정일랑
봄바람에 살랑살랑
흔들어 보내고

오리털 솜털 삐져나오고
삐지지도 않았는데
왜 나올까?
내 삶이 좀 가벼워졌나!
뒤뚱뒤뚱 오리걸음으로

Ⅲ
민들레 하얀 털 꽃씨도
봄을 찾아 나서더니
아무 데서나 앉고

커다란 노란 가방
메고 가는
아이 어깨 위
방긋방긋 아장아장
걸음걸음
민들레 홀씨
솜사탕과 나란히
걸어가고

제3부 소멸의 끝

어물전

하늘의 햇발이
바다에 도달하고
넓고 깊은 바닷물은
온통 짙푸르고
비릿한 갯내
금빛 물결 일렁이고
물결 굽이 굽이에서
물고기의 숨소리가
새어 나오고
지느러미가 은빛으로 반짝이고
하늘로 솟구치며 바둥거리고
손놀림은 바빠지고
짠 내 나는
도마 나뭇결 위
춤추는 칼자루로
버둥거린다

스프링

스카이 콩콩
콩콩 찍으며
순식간에 초등생 아이가
뛰어 날아올라 저만치 -

여자애들이 고무줄놀이하며
발이 걸릴라
다리에 힘을 실어
고무줄 멀리 뛰어넘고

남자애들은 공놀이하고
공은 이 손 저 손에서
이 발 저 발에서
이편저편으로 날아올라 달아나고

오뚝이 세우고
또 세우고
오뚝이는 누웠다
일어났다를 반복하고

숨이 가쁘고 기침이 나고
몸은 낡고 닳고
느슨해지고 느려지고

힘없는 몸은 아스라한 옛날로-
튀밥도 꽃을 피우고
이팝나무 쌀밥 꽃을 기다리고
물소리 아늑한 개울가

철없는 나는
매년 어김없이 돌아오는
나른한 아지랑이에 취하고

초승달

앞서 못다 핀 꽃
한없이 지우고, 피우고 싶지만
바람꽃만 두렵게 흔들린다

아득한 안갯속
샛노란 초승달
그림자만 처연하다
까무러치고
찢기고

적고, 또 적어도
눌리고 상처받은 시어들
그 나물에 그 밥
눈 부릅뜨고 쌍심지를 돋우어도
마음만 방방곡곡
이곳저곳 디뎌보아도

슬픔 많은 세상
희망 없는 불꽃들

퍼석거리고
뼈마디 꺾이고
타는 가슴앓이 숨이 차
눈을 까뒤집어봐도

보이지 않아도 보이는 듯
숨어있던 쪼그라진 초승달
이면에 생명의 큰 흐느낌은
비애가 되고
죽음의 눈물 골짜기 위에
백합꽃이 피고
무화과 열매를 맺으면
생명이 차오르는 날
그날이 울부짖고
그날이 춤을 추고
그날 기쁨의 눈물 흘리려는가!

그는, 그리움

그는
긴 시간 속에서
하얀 물거품으로
포구에 박힌 큰 바윗돌을
감으며 안는다

그는
먼바다가 어둑어둑해져도
빛을 내며
갈 길을 밝혀주는
하얀 등대가 고마워
등대의 하얀 몸을
물결로 부드럽게 어루만진다

그는
바다가 뇌성 폭우에 울부짖어도
아랑곳하지 않고
먼 바닷속 작고 검은
바위를

안심시키고
깊고 넓은 품에 품어준다

그는
고래가 긴 거품을 물고
지나간 뒤에
모래사장에 드러누운
은빛 모래알들이
사랑스러워
알갱이 하나하나를
쓰다듬는다

그는
바다의 물결
바다의 숨결
바다의 주름살
떠나간
파도가 돌아오기를
한없이 기다린다

바위 그리다, 사진

움직임 없는 견고한 모습
하늘을 우러러
하얀 새털구름
하염없이 흘러가고
아래쪽 낭떠러지 구부러져
푸른 물은 땅을 적시며 넘실거리고
길게 길게 감고 돌아 흘러가고
쓰리고 아린 삶의 소용돌이 속에서
푸른 잎 붉은 꽃들이
가만히 고개를 디밀고
생긴 모양도 색깔만큼이나 각양각색
꽃이 없는 나무
봉오리인 꽃나무
활짝 피어 웃음을 터트리는 꽃나무
그 자리에 꼭지로 남고
핏발 선 삶이 검게 타들어 가 뭉쳐져
세상 풍파 슬픔을 감내하며 부서지고 깎여지고
산을 울긋불긋 물들이던
단풍잎들 사이로

꽃진 나무는 검은 씨방을
비바람에 날리며 퍼트리고
모두 와서 찍고 또 찍고
꽃이 피든 지든 틀 속에
가만히 앉았지
풍화에 지친 얼굴 위로
고통의 시간은 지나가고
사진 안의
검은 얼굴
바윗돌, 외로이 산속에 있었지

새 집, 오래된 사람

쿵쾅쿵쾅 망치 소리가
온 동네를 울린다.
작은 화장실 하나 부수어 내는데
먼지는 자욱하고
헌 집 주고 새 집 달라는
소리는 시끄럽고

늘 입던 옷도 오래 입으면
낡고 해지고 찢어지면
꿰매서 입고

사람의 가슴이 아프면 열고
인공심장을 삽입하고
무릎이 아프면 부수어 내고
인공 무릎을 삽입하고

늙고 낡고 해지고
무엇이 다를까?

늙고 낡고 비참한 남루한
인생에서도 건질 게 있을까?

몇십 년 써먹은 육신도 기계도
녹슬고 삐걱거리고
기름때가 끼고

매일같이 손때 먹어 닦아 주던
수도꼭지와 도기들을
건축 쓰레기로 싹 쓸어 내고
새롭게 파이프 배관을 바꾸고
매끈하게 타일을 붙이고
덕지덕지 분칠한 건지
성형을 한 건지
반짝반짝 새로 단장된 것들이
하얀 형광등 빛이 난다

나뭇잎
― 제망매가의 누이 회상

아비는 하늘이고 어미는 땅이었죠
햇빛을 마시며 바람을 친구 삼고
큰비와 번갯불에 놀라서
옷깃을 여몄죠

기둥 없는 강은 머무름이 없고
버팀줄 없는 삶은 흘러가기만 했죠
사람들은 그물 속에서 얽히고설켰죠

비단 솜 같은 품에서 자장가 가락을 들으며
세상 속에서 삶을 이울어갔죠

나뭇가지에 매달린 가녀린 몸체는
작은 바람에도 흐느적거렸죠
나무에서 나고 자랐지만
품을 떠나 내 멋대로 나부대며
춤을 추었죠
이길 저길 휩쓸리며
뿌리 없는 자식처럼 가볍게 흩날렸죠

꿈을 꾸고 깨며 하루하루가 흘러갔죠
안식 없는 나 홀로 삶은
아리고 쓰리고 고통스러운
가시밭길이었고 짧은 인생 항로였죠

여린 삶의 초록빛은
덧없이 가지를 떠나
이생을 떠돌고
생사길에서
하얀 소지가 되어
하늘로 사라지고 말겠죠

웃는 눈사람

퉁퉁 부었습니다
어젯밤에도 내려오지 못했나 봅니다

산허리에 걸린 시린 눈 위로
하늘만 무심히 지나갑니다

눈 덮인 산꼭대기에
눈썹 같은 소나무 보이고
눈 그림자만 내려옵니다

겨울에 보슬비 내리고
는개비 추적추적 옵니다
아직도 제 할 일을 못 했다고 합니다

웃어요 웃어요
차가운 얼굴 보고 싶지 않아요

찌푸린 눈썹 사이로
스르르 눈구름 타고

마중 오며 웃는
그 사람

봄이 오는 길목

I
나른한 몸
처마 밑 볕살
툇마루에 턱을 괴고 앉으니
하품이 나고
봄이 내려와
햇살마저 스르르 눈을 감고
사각사각 보들보들 옷소매만
얼굴을 간질인다

강아지 한 마리 눈앞에
아장거리고
보드라운 털을 쓰다듬는데
졸졸 도랑가에 앉은
솜털 같은 버들강아지
식식 꼬리를 흔들며
아른아른 질투하고
봄은 물가에 앉은
버들강아지에서 온다

Ⅱ
땅속 나뭇잎 거친 숨소리
무럭무럭 김이 나는 입김
검붉은 나뭇잎 푸들거리고
잎 썩힌 뼈와 살이 기름이 되어
흙덩이를 비벼대며 눅눅해지고
움트는 새로운 잎눈
눌린 몸, 더부룩하고 쿰쿰한 구린내
나뭇잎 두엄 냄새 코를 쏘고
숨 막혀
굳어진 흙 뚫고 내미는 고사리손

밭둑 가시나무 돋아나는 두릅 순
연두색 싹 보여
만지니 여린 작은 잎
가시가 어린잎 키웠을까?
보드레하고 풋풋하고
텁텁하고 씁쓰레한 풋내 나물
이미 봄맛은
입 안에서 달콤해진다

소멸의 끝

세상이 무섭고
혼자 못남에 누구에겐가 화가 나고
무기력한 그는 점점 바보가 되어가고
고통을 주체할 길이 없어
수렁으로 점점 깊이 빠져가고
힘도 빠져가고

창백한 얼굴의 그가
말라버리고 뼈만 붙은 그가
어떤 것도 죽 한 방울조차도
넘기지 못하는 그가
산 송장이 되어버린 그가
어둠의 방 안에서
한 마리 벌레처럼
웅크리고 있으니

사는 일 죽는 일
모두 의미가 없고
시간이 과거를 향해

달려가고
그가 세상일을
잊을 수 있을까?

기다렸다

아궁이에서 붉은 불길로
낙엽이 타고 있고
잿빛 재는 아득히
땅속에 묻혀버리고

그것은 오솔길로 와서
바람으로 사라졌다
곧 사그라질 몸이
아프고 고통스럽고

건들바람이 쌀쌀맞게 살갗을
파고들어
바람결에도 눈이 시리고
손발은 비비고 굴러도
꽁꽁 얼었으니

쓸쓸한 낙엽길에서
따뜻한 죽음을 기다렸다

속절없는 짓이었다
눈발은 차갑고 시리기만 하고

햇볕이 스러진 어둠 속에서
밟히고 채이고 눌러지고
차라리 차갑고 냉정한
살 속을 파고드니
얼음이 방해되어
얼음덩이를 끌어안고

낙엽이 쌓이고 덮여
뜨거운 열기가 일어나고
숨을 쉴 수 없다

얼음이 쨍그랑 깨졌다

햇귀

그가 자꾸만 웃는다
기지개를 켜며 하품을 한다
내 안에서 깨어난다
허리를 펴 본다

산골짜기 얼음을 깨고
졸졸 흐르는 아침의 소리
옹달샘 가까이 다람쥐도
둥근 몸 일으키며 구르고
겨우내 움츠린 개구리도
오그라진 다리를 팔짝팔짝

햇살이 퍼져가는데
시커먼 흙을 뒤집어쓰고
누군가 머리를 내밀고
땅을 염탐한다
나올까 말까?
아직도 겨울일까 봄일까?

내 안에서 그가 꿈틀거린다
몸이 마음이 자란다
연두색 떡잎이 검은 흙을
박차고 튀어 오르고
울 밑에 선 그가
나를 초대한다

낙화

하늘을 우러러보다가
나무젓가락 기둥 같은
고층아파트를 내려보다가
눈은 멀리멀리
어디쯤 두어야 할까?

까마득한 길에
꼬마 자동차들이 달린다
깎아지른 하얀 성
미끌미끌한 설벽 위에 서서
발은 어디쯤 두어야 할까?

바람이 쉽게 찾아드는
절벽 꼭대기
딛고 선 흔들바위
뭘 위해 여기까지
올라왔을까?
내려갈 길 아득하여
추락하고 싶은

벼랑 끝에 허허로이
매달린

몸체를 흔들어대는
바람 소리
눈 딱 감고
붉은 치마 둘러쓰고
떨고 선 두려움

사랑 공식 1
― 인연의 종

사랑이 많은 사람은
주기만 하니 손해를 본다죠
답답한 사람이 샘을 파고
목마른 사람이 샘물을 긷습니다
사랑의 공식에도 더하기 빼기가 있지만
인정이 많은 사람의 사랑은 주기만 합니다
사랑을 위하여
벗어날 길 없는 그 틀에서
발버둥을 칩니다
삶이 거친 숨소리를 내지릅니다
눈물도 말라버린 이상의 꼭대기엔
서러운 한이 자랍니다
못다 이룬 꿈들이
자꾸만 밥을 달라고 보챕니다
사서 고생을 하는 거라고요
그럴지도 모릅니다
눈뜨면 현관에 신발이
몇 켤레 있는지도 헤아려야 하고
쌀독에 쌀이 있는지도 봐야 하고

그들의 표정도 살펴야 하고
매일 삼시세끼
밥을 해 먹여야 합니다
쓴 나물만 먹고 허리끈을 졸라매어도
마음은 그들을 거느리고 안아야 하고
달콤한 미소도 지어야 합니다
매임이 숭고한 사랑의 깃발이라고요
슬픈 내색도 아픈 내색도 사치입니다
기쁘게 겸손하게 죽는 날까지도 그들을
품어야 하는 일이랍니다
나는 그들이 구하면 주어야 하는
하늘의 인연이 내린 종이랍니다

제4부 빈집

비가

검은 우산을 쓴
그녀가 서러워
옷을 적시며
서 있다

하늘은 흐린데
온몸이 축축하게 젖은
그녀가
눈물을 뿌리며 길을 간다

얼굴 위에 떨어지는
방울 방울은
비의 물방울
그녀의 삶을 적바림한
슬프고 애절한
눈물로 쓰인 노래

정자나무 그루터기

폭우는
마른 대지에 폭탄을 투하하듯
몇 날 며칠 쏟아지고
세상이 망하려나!

땅 위의 만물들을
빗줄기가 때리고 또 때리고
무너진 산, 도로, 담벼랑에
떠내려가는 홍수 물에
가슴이 찢어지게 아프다

땅의 것들이
강으로 바다로
떠내려가고

메말랐던 나무들이
누웠던 풀들이
하늘을 향해

비의 입을 벌리고
게걸스럽게 비를 마시고

하늘에서 내리치는
천둥 번개 벼락에
몸이 찢겨나간
정자나무 한 그루
그루터기가 몸으로
비를 받는다

불통

눈이 뜨이지 않고
스르르 감기고
졸린다
자꾸만 눈물이 흐른다
병원에 가서 말하기를
눈이 '멀뚱거린다'*
'몰뚝잖다'*
슴벅거린다*고 했더니
무슨 말입니까? 라고
반문하며
사투리냐고? 반문하며
그저 안구건조증이라니?

할 말을 잃었다
말이 통하지 않아
까닭을 찾을 수 없으니?
불덩이같이 뜨겁다고
뻑뻑하고 빠질 듯이 아프다고

티가 들어간 듯하다고
부연 설명

젊은 의사는 내 말을
알아듣지 못하는지? 아는지?
나는 눈곱이 끼어 시야가 가려
잘 보이지 않고
무슨 말을 더 하리요
정확한 진단 못 하니
바른 처방 받을 수 없고

의사와 환자인 내가
정치권의 공방을 닮아
동문서답을
의사는 귀가 있어도 듣질 못하고
나는 청맹과니 같은 눈만 가지고 있으니
서로 자신의 말만 하고 있다

몸의 이력

시나브로 책을 읽는다
책이 책꽂이에서 없어지고
책이 그것들이 내 머릿속에
무엇을 저장했을까?
어떤 정신으로 남아있을까?

질병은 심심해서 심약한 인체를 흔들어댄다
젊은 날엔 장염으로 토사곽란을 일으켰고
중년엔 두통으로 머리를 싸매었고
장년엔 위 역류성 식도염으로 음식물이 목까지 차오르고
노년엔 목소리를 가래로 막았고
코는 아무 때나 염치없이 콧물을 흘리게 하고
이젠 눈을 감기다 못해
안구 건조라는 평생 낫지 않는다는
병력을 심는다

무심한 강물아! 흘러가거라
빠른 세월아! 흘러가거라

심심한 네가 이기는지!
무덤덤하고 밋밋한 내가 이기는지?

밋밋한 통각은
무지외반증으로 엄지발가락 뼈를 톱으로 잘라내도
얼굴에 레이저로 점을 빼도
발목에 깁스해도
목에 호스를 걸고 위장 대장 내시경을 휘저어도
눈꺼풀 살을 도려내도
끽! 소리 안 하고

등뼈는 꼿꼿하다

바람꽃처럼

새벽이슬 머금고
웃음 짓고
피어나는 몸짓
수 없는 풀과 나무들
슬픔을 간직한
붉은 염원
두 손 모아
피어라 피어라
기도를

창가에 머물고
강가에 머물고
광야에 머물고
초록 풀숲에서
풀잎에 젖어 들어

가녀린 꽃대 위에
온몸으로 떨며
소스라치고

산고의 고통을 이겨내며
핏빛 슬픔으로
울음을 토하고

광야의 백합화는
환희를 탄성을 내지르고
또 다른 성스러운 이름으로
오므린 붉은 꽃잎을 활짝 펼친다

그 길

그 길에 꽃을 뿌릴까
금가루를 뿌릴까

작은 자, 못난 자, 약한 자
가난한 자, 비천한 자, 가진 것 없는 자,
불쌍한 자가 걷는 길

그 길은 선하고
계단이 없는 길
올라가는 공중 사다리는
보이지 않는 사다리
떨어지지 않는 사다리
두려움 없는 사다리

그 길을 위해
얼마나 많은 기도를 올렸을까
얼마나 많은 눈물을 흘리고
큰 슬픔에 젖어 애통해했을까
피 흘리고 살 떨리고

뼈를 깎는 고통에
몸을 파르라니 떨었을까

고단한 삶
쉴 수 있을까
하늘의 품에 안길 수 있을까
맹인이 눈을 뜨고 볼 수 있을까
거룩한 음성 들을 수 있을까

다시는 힘들지 않겠지
기도하고 노래만 부르면 되겠지
험한 인생길
되돌아보는 하늘길

한 송이 민들레

1
군데군데 꽃 무리
넓게 펼쳐진 꽃밭에서
꽃의 미소가 눈부셔
멀리서 보니
누가 누군지 알아보기 어렵고
얼굴이 똑같다

아이가 초등학교 입학식을 하던 날
노란 손수건을 가슴에 매달고
많은 무리 속에 가서
줄을 섰고
내 아이를 찾을 수 없고
똑같다
모두 노란 손수건을 달은
코흘리개 1학년
공부를 마치고 가방을 메고
혼자 나오는
아이가 참 기특하다

2
어렵게 얼굴을 내민
길가의 민들레꽃
비좁은 화단 돌 틈에 박혀
친구 없어도
외로운 줄 모르고
좁은 땅, 연약한
줄기를 세우고
얼굴을 반짝이고
아무도 들여다보지 않아도
서럽지 않고
비바람 뜨거운 햇살에도
내게로 걸어온 노란 꽃
작은 몸 꿋꿋이
해바라기를 하며
해를 닮아가는
꽃 한 송이

감로꿀을 위하여

새벽이슬
부스럭거리는 나뭇잎
사박거림에 눈을 뜨고

어스름한 풀숲에 앉은
한 마리의 일벌
풀잎을 반기고
방울방울 이슬 흠뻑 마시며
잎의 꿀을 위하여
분주하게 스치는 날개
짧은 새벽 시간을
밝은 낮이 오기 전에

해야!
조금만 기다려다오
희뿌연 골안개 걷히면
만물이 깨어나고

아득한 어둠이
물러가는 소리
때 묻지 않은
아침이 오는 냄새
새벽의 몸짓으로
작은 날개를 퍼덕인다

외돌 바위

살다가 지치고 지치면
죄 없는 돌멩이를 발로
차버렸지
어느 만큼 올라가면 만족일까
그것은 목을 옥죄고
하루 세끼 밥 먹고 살면 될 것을
괜찮다 괜찮다고 애써 포장하고

사촌 논 산 소식에
속은 볶이다 못해 타들어 가고
가족의 짐은 등허리가 휘어지고
발걸음이 천근만근

에라 팽개치고
집을 나와 산속에
외돌아져 앉은 바위
부드럽고 폭신한 초록 이끼를
비로드 옷으로 두르고
부대끼기 싫어

돌아앉아도
세상을 흘끔거린다

사람이 귀신보다 무섭다고
상처받는 게 겁난다고
세상의 다사다난을
복잡함을 견딜 수 없어
홀로 산속에 몸을 숨기고
원시인처럼 숲속을 두리번거리는
산에 박힌 홀로 아리랑

비와 여름

I
어느 날 창가에서
비가 창을 두들겼다
미끄러지지 않으려고
떨어지지 않으려고
안간힘을 쓰는 비를
나는 안쓰러워
빗살로 품었다
여름은 지루하고도 뜨거웠다
열기는 살을 저미고 피를 말렸다
초록색 풀잎조차도 뜨거움에
질식할 것처럼 목을 늘어뜨렸다

II
서늘한 비가 가을을 재촉하고
광란의 여름이 작별을 고한다
올 때가 있으면 떠날 때도 있다
비가 오고 여름은 가고
유리창을 두들기던 빗줄기들이

서러워 길가의 알록달록 우산을 때리고
땅의 눈물들이 산산이 부서져
흙 속으로 미끄러지고 떨어진다
성난 빗방울이 마른 대지를 두들긴다
양산은 우산을 대신할 수 없고
젖은 몸 위에서 떠나기 싫은
여름이 울부짖는다

Ⅲ

이젠 땅이 비를 부른다
식히고 씻기고 두들겨진
처참한 방울들이
땅에다 코를 박고
열정들을 깨부순다
뜨거웠던 여름은
기약도 없이
섭섭함을 남기고
땅 위에서 빗방울로 뒹군다
그 빗줄기들은 모여

어딘가로 흘러가기만 한다
각자의 길로
여름을 건너
비를 따라
강으로 바다로 흘러가고
여름을 지나 가으내
비는 온 가슴에
속절없이 쓸쓸한 바람으로
옷깃을 여미는 서늘한
한기로 스며든다

빈집

담벼랑 위로 뻗어 올라간
하얀 박꽃
어스름 저물녘 어둑발
반가워 삽짝에 들어서니
허름한 기와집 한 채
잎 떨어진 감나무만
집을 지킨다

연못가
안개 자욱하게
피어오르고
물비린내 나는
보이지 않는 길
눈 더듬이로 더듬어
올라가는 비탈길
발자국 더듬더듬
디뎌본다

신기루 같은
삶의 언덕길은
가팔라 숨이 차고
오르고 올라도
집 찾기는 끝이 없고
날은 저물고
중 마루에 올라서나 싶었는데
어느새 아득한 미로
홀로
내려오는 밤길
달도 별도 숨어버리고
발이 더 꼬인다

꿈인지 생시인지
생의 길인지
죽음의 길인지
그 빈집에서
무엇을 찾는가?
누구를 기다리는가?

발그림자 고요하고
발걸음 소리
처연히 들려오고

삶은 시끄러운 곳인데
아무도 없다

삼거리 정거장에서

1
길바닥이 들썩들썩
버스 떠나는 바퀴 소리
아득한 자장가 소리에서
깨어나
시동 소리 듣는다
휘발유 냄새 특별한 향기에
어딘가로

그 길은 아득한 하얀 길
먼동이 트면 길은
모습을 드러내고
버스는 연기를 내뿜으며
어딘가 앞으로

뿌연 안개 낀 길 속에서
보이지 않는
그것들을 손에 움켜잡고
놓치고

2
새장에 갇힌
한 마리의 작은 새
새장 밖을 동경하는
꿈꾸는 작은 새
잃어버린 고향 집을
삼거리에 두고 온
정거장에서, 아픈 사랑은
차갑고 냉정한
이별의 정거장
버스 떠나는 바퀴 소리
휘발유 냄새 가득한
기다랗고 아득한 하얀 길
아련하게 스쳐만 갈 뿐

일몰

파랑이 좋아
흐르는 강물을 사랑해
드넓은 바다를 사모해

꿈과 사랑이
물결처럼 넘치고
반짝이는 물고기의 비늘이
파도와 맞서
흰 거품을 물고
하늘 높이 솟구쳐
바위를 쳐대는 열정

빨강이 좋아
저물녘 황혼의 낭만이 살아있는 곳
석양에 선 그림자
붉은 노을 속
지는 해를
안타까이 그리워하고
해 넘어 서러운 세월 보내고

은빛 갈기를 휘날리는
갈대의 울음에 도달해
영화 뒤에 오는 서러운 한숨과 눈물
해의 핏빛 같은 붉은 물결

돌아가는 나그네는
성근 머리를 빗질하고
어정쩡한 보라를 맞이해

바다 정원

성난 파도의 물결은 하얀 거품을 물고
사정없이 검은 바위를 친다
모래벌판 은빛 가루에
발이 푹푹 빠지고
여름날의 뜨거운 영화를 잊은 듯
춥고 쓸쓸하다

친구와 사진을 찍었다
바다 정원에서 담소를 나누고
커피를 마시고
바람 부는 정원 마당에서
갈대는 울부짖고
무서움이 귀를 후벼판다
구름다리 위에서
키가 커서 바람에 더욱 흔들리는
하얀 갈대

모래밭에 있는 하얀 날개
천사의 포토존에서

양쪽 팔을 벌리고
십자가 사진을 찍고
한쪽 손으로 먼 하늘을
가리키며 우러러 바라본다
친구는 사랑한다는 서사로
갈대의 모습을
성난 바람의 소리로 찍어주고
사랑을 독차지하고 감격한 나는
잊지 못할 대포항에서의
친구와의 사랑 이야기를
바람의 소리로 엮으며
마음에 아로새기게 되었다

춥고 쓸쓸한 겨울 바다 항구는
갈대가 울고 바람 부는
바다 정원
땅에서의 따뜻함을 그리는
우리 한적한 사랑 이야기
바다와 땅의 경계
물치항에서 바다회를 먹었다

제5부 새벽 향기

원앙새

중랑천 용비교 아래
쌍쌍이 둘러앉아
올록볼록 알록달록
노랗게 강을 물들이고
고요한 강물 위
겨울 속 향연 무르익어

차가운 강물
검은 바위
삶은 뜨거워지고
얼음 얼지 않는 작은 강
노란 부리, 꼬리, 발,
물결을 치고
갈색 날개 펄럭이고

도봉교 우이천
냉정한 강물 위
올록볼록 원앙
흐뭇한 사랑의 일기

층계참, 숨 터

비탈길, 언덕길, 계단길
숨을 헐떡이고
땀은 뚝뚝 떨어지고
들고 있던 무거운 시장바구니
그 참에 놓고서
얼굴에 흐르는
땀을 닦고
가다가 쉬고 가다가
쉴 수 있는 곳

삶의 그루터기
참에 쉬며 올라온 길
뒤돌아보니 뿌듯하고
올라갈 계단 바라보니
아직도 아득한
층계참은

작은 공간이 쉼을 제공하는
너른 품을 내어놓는

계단의 허리
삶의 숨 터
숨을 고르는
쉼의 숨 터

뜨거운 여름의 열정을
지나온
가을맞이
울긋불긋 단풍철
쓸쓸한 낙엽 지는
매서운 겨울을 준비하는
찰나의 시간에도

적란운 빛

폭우와 폭설과 우박과 소나기를 뚫고서
어두운 밤
한밤중
천둥 속에서 찬비를 맞으며
차가운 살갗에 몸을 떨며
그 위에 숨은 해의 빛을
우러러보는 밝은 빛
영원한 기적의 빛
찬란한 하얀빛
적란운 속에 숨은 하얀빛

세상 속엔 검은 먹구름만
오로지 성하고
눈을 크게 뜨고 귀를 기울이며
그를 생각하고
그의 음성을 들으려 했으나
따사로운 입김은 나타나지 않았고
비구름만 가득한 하늘을 채우고
어두컴컴한 먹빛 세상

아무것도 보이지 않는
지워진 길을 묵묵히 걸어가고

센 비구름 소나기구름이
언제 덮칠지 알 수 없지만
쌓이고 쌓인 검은 구름 낀
산을 오르고 오르며
수직으로 떨어지고 내려치는
그 음성을 들을까 하고
탁한 영혼 속에 울부짖는
찢긴 아픈 가슴을 부여안고
흐르는 눈물방울을 닦으며 청량한
하늘을 기다리며
그 안의 따사로운 자애로운
햇살을 그리고

사랑 공식 2
− 사슬

사랑한다는 것은
자신을 죽여야만 한다죠
그늘진 쌓인 죽음 위에
사랑이 울고 있어요

화려했던 꽃 진 자리에
사랑의 꽃말이
씨앗을 맺고
꽁꽁 얼어붙은 대지에
여름 이야기를 품은 씨앗은
점점 땅속으로 동면을 하지요

잎눈을 품고
눈 내리는 설원의
언덕 위에서
나뭇잎 떨어져 버린
헐벗은 나무 한 그루
맨몸으로 바람을 맞으며
떨고 서 있어요

사랑을 품고
봄을 품고
잎눈이 터지고
꽃눈이 터질
때를 기다려요
대지는 너른 품으로

바람의 소리를
들으며 온몸을 내놓고
눈 내리는 얼음산을
하얗게 지키네요
나무는

지팡이

시간이 약이 되어
우리의 애증은 무르익어
먼 길 가는 길동무
내가 나를 내려놓고 희생한다면
그 또한 좋은 일
서로에게 내가 필요하여 도움 주는
기댈 언덕
인생은 끝없이 부축하고
집으로 가는 되돌이표

서로가 서로에게 공부가 되어준다면
사람의 길
지렛대
친구
동반자
반려자

명아주는 번개와 천둥과 비바람과
햇빛 속에서 꿈을 품고

환희와 슬픔과 고통 속에서
상처를 삭히고
단단하게 여물어가고
구부러져 가고
힘없는 가는 손 붙잡고
먼 길 걸어간다

짧은 전화 한마디!

며칠 전 옛 친구 아버지의 부고를
받고
안쓰러워 '삼가 조의'로 애도의 메시지를 전하고
부의금을 내려고 계좌번호를 찾는데
열리지 않았어요
"제가 좀 이래요"
앱을 깔지도 열지도 못하는 아날로그거든요

그런데 애도의 메시지를 본 옛 친구가
기겁하고 전화를 했어요
서로 왕래했을 당시 아버지 연세
105세였으니
지금쯤 110세를 넘겼을 텐데
당연히 돌아가셨을 줄 알았던 그 아버지!
뜻밖에 '살아계신대요!'
그럼 이 검은 부고장의 정체는…?

여기저기 돌아가셨다고 부고장을 내는 것보다
더 급한 일이 생겼대요

그래서 빨리 끊고 다른 사람한테도 알려야 된대요

100년이 넘도록
부고장 한 장 보내기 어려운 그 친구
행복한지 슬픈지 모를 그 친구의
황망하고 서글픈 짧은 전화?

'보이스 피싱'이래요

곧을 정貞

내 이름자 풀 언덕 위에
날마다 새롭게 돋아나는
연두색 잡풀들
철들고 정들어가며
여리고 작은 부끄러움에
고개를 숙이고
몸을 파르르 떤다

곧게 곧게
커 오르는 게
꿈이었건만
흔들어대는 바람 앞의 등불
혼탁한 세상에서
뉘 알아준다고
곧게 곧게 자라고 싶었을까
하늘을 바라보며
한 번쯤은 긴 한숨을
쉴 만도 했지만
까무러치고

곧게 곧게
하늘 무서운 줄 모르고
올라가다가
꿈을 한주먹 넣은
나물 맛, 쓰고 달고
차고 시고, 오묘하다
시린 이가 말을 한다
그만! 일 안 하고 싶단다

눕고 싶어도 눕지 못하는
곧을 정貞 산봉우리 아래서도
진흙 뻘에 조가비는 살아있고

바다로 가면 허리를 펴려는지?

벌거숭이 민둥산

눈을 뜨면
높고 크고 넓은 하나님 사랑
그립고 그리워
자식을 위해
기도하고
기쁜 소식 들으려고
귀를 밝히며 눈을 부빈다

햇살이 빨갛게 돋아오르면
아이들에게 사랑을 주려고
동동거리며 부엌을 드나들고
국그릇에 맑은 국물 한 숟갈
간을 본다

뜨거운 햇살에 시들은 육신
채우는 것도 비우는 것도
지쳐버린 몸
가물가물 정신
발걸음에

안간힘을 써 봐도
걷고 또 걷는 헐떡거리는
헐벗은 인생

긴 그림자 동반자는
내 손을 잡고 따라온다
흙으로 묻혀가는 피곤한 육신
삶의 얼룩무늬들이
한 줄기 바람으로
파노라마 같이 지나간다

하늘 바라보니
해거름 노을빛 곱다

편애

바람 부는 야산 언덕에
끊어질 듯 가는 허리
둥글고 새빨간 꽃잎
입술에 꿀을 바르고
가냘픈 몸은 이리저리 흔들리고
눈에 뜨이고
마음 쓰이는
환희의 아름다운 바람꽃

푸른 쑥갓은 오로지 그녀 입으로
쌈 싸 먹는 선택
희생만을 강요
그녀에겐 화려하게 재잘거리는
자식이 좋을까
입속을 은은하게 향기만 주는
자식이 좋을까
사랑받고 선택받는 것은
자기 할 탓
아네! 모르네!

누굴 선택하든 그녀의 선택
하얀색 꽃 황금색 꽃
피기를 기다리나
피기만 하면 꽃모습 아름답지만
속절없는 운명
푸른 잎 모습 그리 아름답지 않고
꽃도 피기 전
잎 향기 입안으로 들어가고
온 들판은 푸른 잎으로 찰랑찰랑

그녀의 꽃은 붉은 바람꽃으로
하늘거리네

능소화

귀를 활짝 열어
그대 오는 소리 들으려고
나팔처럼 붉은 잎 활짝 펼친
찌는듯한 태양 빛에
아랑곳없는 황금빛
머리만 내민 희미한 가로등
밤 골목을 밝힌
푸른 치마에 주황색 꽃 등을 단
아리따운 그 모습
구부러진 골목 환하게
등불 밝히고
등을 펴지 못해 홀로
가로등에 기생해 다시 태어난
작년 홍수 때도 빗발치던 골목의
넘치던 물들
꽃줄기를 호스 삼아
품었다가 풀어놓았네
뼈도 등도 없이
남의 등 발판 삼아

밝은 빛 밝히고 온몸으로 기어오르는
꽃과 가로등의 하모니는
겨울이 오면 화려함 스러질
기다림의 화신
한여름 밤을 밝히며 꽃이 떨어져도 차마 시들지 못하고
골목길 가로등 앞 오가는 사람들
발걸음 소리 들으며 자라난 그녀
1년을 죽은 듯이 숨어있던
태양도 비도 사람도 지나가는 골목 언저리
그대 숨결 기대하며
눈여겨 보아줄
지나가는 인연 기다리네
이곳 지키며 절정으로 가는
여름 젊은 열정

주름치마 바위
- 갑바도기아 데린쿠유

미지의 여행, 신전들, 성지, 바위산

    첫 만남, 순간에 스치는 환상, 피 흘리며 쓰러지고 바위가 접쳐지고 땅이 울부짖는 꿈, 예전 사람들은 이곳에 땅을 파 내려가고 지하 12층의 지하도시를 만들어 거기서 살았대요, 전쟁 때는 피난처도 되었고요, 골짜기 바위산마다 구멍을 뚫어 창문을 비둘기 집을 만들고 요정의 굴뚝도 만들었어요, 사람의 솜씨인지, 하나님의 솜씨인지, 알다가도 모를 기막힌 바위산, 그들이 살던 거처 안에 예배당도 있었고요, 그들 빛의 유산은 미래에도 살던 모습 그대로
    구겨지고 주름지고 구멍 뚫린 골짜기의 바위들 긴 세월 깊이 파이고 아물어진 상처의 흔적들, 아름답고도 괴상하게 생긴 바위산은 우리의 역사의 현장 피 흘림의 모습 피와 물로 굳어진 주름치마 입은 바위에 아롱진 사연들, 바위에 주름이 져서 주름치마를 입은 바위 모습 바위가 주름져서 주름 하나하나에 깃든 아픔들이 아우성쳐요, 주름치마 바위가 아름다운지 안타까운지 모를 서러운 마음이 들고 설마 바위가 사람같이 늙어서 주름진 것은 아닐진대
    해일? 지진? 전쟁? 혼돈의 울음이었을까?

붉은 물 푸른 물에 씻기고 닦이고 깎인 돌의 허물 위에 선 찬란하고 아름다운 모습 속에 감추어진 주름들, 피는 굳어지고 바닷물 속에 살던 산들이 골짜기로 오르고 긴 시간 그 짠물들이 산을 파고들어 쪼개고 나누고 세우고 수없이 깎이고 깎아 절벽처럼 깎아지른 화석이 된 바위산, 죽순같이 삐죽삐죽 솟아오른 버섯모자를 쓴 기이한 모습 연필심 같은 꼭대기, 쪼개져서 분가된 기이한 바위들, 아무도 살지 않는 하늘 아래 깊은 골짜기에 바위산으로 우뚝 선 바위들의 몽환적 모습, 뾰족한 연필심 바위는 천성을 향한 기도일까? 주름 바위는 절대 고독을 향한 몸부림일까?

- 나는 매몰차게도 사진만 찍고 왔나 봐요 -

빈 그릇

태어날 때 작은 눈, 몸 하나로
이 세상을 보았지
엄마에게 의지만 했지
할 줄 아는 것은
젖 달라고 보채는 울음 눈물뿐

커 가면서 내 그릇 생기고
그릇도 커지지
인생은 그 그릇에
무엇을 담아낼지 고민하며
기대하며 자라나지

내 키 자라며
꿈도 자라고
욕심도 자라지
무엇을 담고 무엇을 버려야 할지…?
지혜를 배우고 분별하고
내 의지 주어졌더라도
은혜와 사랑 채우고 비우며

여전히 울부짖으며 간구하며
그를 바라보며 살아가지

내 빈 그릇 비록 작아도
차곡차곡 쌓이고 채워지면
풍성함이 이루어지겠지
밤하늘 은하수 같은
은혜의 강물
어둠을 뚫고
빈 그릇 안에 샘솟는
사랑의 물결

삶의 주머니

무엇이 있었을까?
어떤 것이 남았을까?
아득하다-

머릿속을 비우니 꽉 찬 옷장의 옷들과
쌓인 그릇들이 꽉 차 온다
마음속의 상념들이 긴 꼬리를 물고
물고기 지느러미처럼 파닥거린다
살아온 세월만큼이나 몸이
자꾸만 뚱뚱해지고 무거워진다
옷 달라, 밥 달라, 마음의 소리도
집 안에서도 여기저기 널브러진 물건들도 덩달아
아우성친다
많은 것들이 쌓여 무겁게 짓누른다
나타나지 않던 질병들조차
몸을 점령하려고 한다
삶의 찌든 때들을 벗겨내자
먼지를 탈탈 털어내자 그리곤 침묵하자
어디론가로 떠나자

메아리조차 없는 적막한 곳으로
삶의 정화지로
청정한 곳으로
물새 우는 무인도 바닷가로

욕망이든 미련이든 사랑이든 미움이든
삶의 찌꺼기들을
뒤집어 탈탈 털어본다

새벽 향기

새벽을 깨우며 눈을 뜬다
새벽이 나를 자꾸만 부른다
나무 위에서 새들이 지저귄다
상쾌하고 서늘한 공기
코끝에 스며든다
정신이 눈을 번쩍 뜬다

새벽 향기가
무언가를 하게 한다
공기가 좋아 기분이 좋아
무언가를 하게 한다
몸도 마음도 달린다

하나님이 주신 새날이다
새롭게 새롭게
뛰고 싶다
바람도 뛰어가고 나도 뛰어가고
바람도 날아가고 나도 날아간다

공간이 없어지며
나는 한 마리 작은 새가 된다
맑다, 가볍다, 나른다
사라진 새벽바람 사이

동창이 밝아 온다
햇살이 따사롭다

흰 눈

이 땅에 내려온
밤새 하얀 눈 손님
나뭇가지 달린 눈꽃들의
아름다움에 눈이 부시고
온 세상 하얗게 소복소복 쌓여서
깨끗해지고
오랜만의 반가움과 기쁨
어제까지 파랗고 노랗고 빨갛던
단풍들이 눈 속에 묻히고
나무들은 밤새 청순한
흰옷을 갈아입고
흰 신부 흰 면사포
흰 부케의 모습으로

낭만의 대명사 첫눈
자연의 시간은 신비하고도 무섭고
모든 것은 밤새 안녕!
소리 없이
감쪽같이 오고

군말 없이 기다릴 때는
오지 않는다
단풍의 붉은 시간이 서럽게 얼어붙는다
눈이 지나가면
바람이 낙엽을 몰아가고
지금도 펑펑 함박눈이
눈물을 머금고 내리고
여인의 하얀 치맛자락같이
펄펄 날리기도 하고
눈의 향연에 눈이 휘둥그레지고
며칠만의 행복이라도 좋다

첫 눈길
폭설 길에 그는 먼 길 떠나고
작은 아버님 초상길
고향길에 가고
또다시 눈이 얼면
눈길에 미끄러져서 다치면
녹고 질퍽거리고 미끄러지는

진창길
인생길의 한숨 소리

며칠만이라도
원시시대로 돌아가서
아무도 없는 시골길
숫눈길이라도 하얗게 밟고 싶다
사심 없이 눈을 맞는 행복의 나라
흰 눈만 사는
동심의 나라로 떠나고 싶다
동화와 신화가 살아 숨 쉬는
그런 나라로 가고 싶다

작품 해설

| 이정이의 시 세계 |

새로운 세계의 열망과 영적 몽상

유한근
(문학평론가 · SCAU 교수 역임)

　이정이 시인의 이번 시집은 세 번째 시집이다. 필자는 제2시집 《외딴섬》의 시평 〈전망 밝은 시로의 탐색〉에서 이렇게 말한 바 있다. "이정이 시인은 마음속의 그림을 이미지와 운율, 그리고 시라는 형식적 구조로 표현하기 위해 언어 트릭에 능숙한 시인이다. 시인이며 수필가로서 언어 인식과 트릭으로 내밀한 마음의 것들을 드러내기 위해 언어에 긴장할 수밖에 없다. 이를 구현하기 위해 부단한 트릭을 지속하면서 하나의 언어를 독립된 하나의 존재물로 인식하고 그 속에서 생명성을 탐색하기 위해 호흡을 가다듬고 시작詩作 놀이를 한다. 이에 따라 이정이 시인은 그동안 관심을 집중시켰던 내면의 세계에서 밖의 세상으로 모티프의 시선을 공시적으로 전환하고, 통시적으로 풍요와 같은 우리 시가에 관심을 전환하려는 시도를 엿보기 시작한다. 따라서 이정이 시인의 전망은 이 지평에서 찾아야 할 것으로 기대된다."라고 언어 트릭과 놀이 개념으로서의 현대시의 지평을 부단히 추구해왔다.

물론 이러한 전망을 외면할 수 없어 지속해 나가야 하겠지만 새로운 지평을 마련하기 위한 노력은 다른 국면에서 이루어져야 할 것이다. 그 하나는 기존 의식에 대한 전복이다. 사고의 전환과 정서의 새로움에 대한 모색이 그것이다. 그리고 그 끝에는 인간의 현세계 초월의 차원을 몽상하는 일이 될 것이다. 그것을 어떻게 하고 있는지 이제 탐색하기로 한다.

1. 기존과 사고의 전환, 그 끝

시인은 새로운 세계로 나아가기를 열망한다. 새로운 세계로 나아가기 위해서는 의식의 전환부터 있어야 한다. 기존 가치를 전복시켜 새로운 가치 체계를 창조하기 위해서는 의식 혹은 사고의 전환부터 선행되어야 한다. 이를 극명하게 보여주려 하는 이정이 시의 대표적인 시는 비교적 긴 시 〈오른쪽 길〉이다.

> 큰길로 가도 차는 왼쪽
> 내 길은 오른쪽
> 에스컬레이터에서도 내 길은
> 언제나 오른쪽으로 걷고

오른손으로 수저를 잡으라고
오른손으로 연필을 잡으라고
바른길, 옳은 길로 다니라고
귀가 따갑도록 듣고

오른쪽은 낡고, 해지고
헐겁고, 삐걱거려
삶의 무거움에 지친다

오른쪽 눈은 건조하고 침침해 눈꺼풀은 자꾸만 내려오고 잘 보이지 않아 인공눈물이 필요하고 오른쪽 코뼈는 휘어지고 코는 통로가 좁아 숨을 못 쉬어 콧물 비염을 유발하고 오른쪽 어깨는 무거워 쳐지고 오른쪽 날갯죽지는 등뼈가 지주가 되지 않으면 제구실도 못 하고 오른쪽 허리는 디스크로 오른쪽 허벅다리의 신경을 누르고 오른쪽 발은 지쳐서 발목이 겹질려지고 엄지발가락은 무지외반증으로 오른쪽으로 구부러지고 뼈는 혹처럼 밖으로 돌출되고 오른쪽 발바닥은 족저근막염으로 바닥을 디디면 아프다

옳은 길만 바라보는 삶
오른쪽 눈이 피곤하고
오른쪽 발이 피곤해
발걸음이 휘청거린다

오른쪽 숟가락도 무겁고
엄지와 검지 사이 끼인
연필도 버겁다
오른쪽을 좀 쉬게 하고 싶다

왼쪽 길도 보고 싶다
오른손이 못다 한 일을
왼손이 하고 싶다
왼쪽 길로 가고 싶다

똑 바른길이 아니어도
괜찮다
삐뚤삐뚤 걸어도
괜찮다
오른쪽 곁엔
다른 길이
왼쪽 길도 있다

― 시 〈오른쪽 길〉 전문

 이 시는 재미있다. 읽는 맛이 있다. 그것은 기존의 평범한 발언이 아니라 생뚱맞은(?) 토로이기 때문이다. "오른쪽은 낡고, 해지고/ 헐겁고, 삐걱거려/ 삶의 무거움에 지친다"라는 발언을 시작으로 하여 "오른쪽 눈은 건조하고 침침해 눈꺼풀은 자꾸만 내려오고 잘 보이지 않아 인공눈물이 필요하고 오른쪽 코뼈는 휘어지고 코는 통로가 좁아 숨을 못 쉬어 콧물 비염을 유발하고" 등등 오른쪽에 위치하는 몸의 기관과 병이 들어 아프다는 토로 때문이다. 그리고 "옳은 길만 바라보는 삶/오른쪽 눈이 피곤하고/ 오른쪽 발이 피곤해 / 발걸음이 휘청거린다"와 "오른쪽을 좀 쉬게 하고 싶다// 왼쪽 길도 보고 싶다/ 오른손이 못다 한 일을/ 왼손이 하고 싶다/왼쪽 길로 가고 싶다" 절실한 절규와도 같은 외침 때문에 황당하지만, 비범하게 들린다. 처음에는 재미있어 웃다가 눈물을 머금게 된다. 그래서 이 시의 마지막 연의 토로 "똑 바른길이 아니어도/ 괜찮다/ 삐뚤삐뚤 걸어도/ 괜찮다/ 오른쪽 곁엔/ 다른 길이/ 왼쪽 길도 있다"를 확인하고 안심하게 된다.

오른쪽의 개념은 정상이다. 이에 따라 왼쪽이라는 개념은 이유 없이(?) 관습 때문에 낯설고 비정상적이고 새롭다. 그래서 어떤 시인은 '왼손'의 집중으로 시적 탐색하여 주목받기도 했다. 그런데 오른쪽에 대한 반항 혹은 저항의 시를 접하게 되자 독자는 신선함을 느끼게 된다. 그리고 이에 주목하고 동감하게 된다. 그것은 새로운 시각에 대한 도전이고 쾌거이기도 하기 때문이다.

이런 맥락에서 삼국유사 권 2, 신라 제48대 '경문대왕景文大王'조의 여이설화驢耳說話을 모티프로 하여 쓴 시 〈두건장이-여이설화驢耳說話〉를 주목하게 된다. 이 시가 특히 주목되는 이유 중 하나는 두건장이인 북두장이가 시적 화자라는 점이다. 물론 설화를 모티프로 하여 쓴 시라는 점이 주목되기는 하지만.

실패를 풀어 두건을 만들어
귀를 가리고 덮는다
나는야 귀를 지키는 자
입을 지키는 자
귀는 보이지도 들리지도 않는다
추위도 더위도
기척도 기색도 없다

가슴이 답답하다
귀를 막는 짝사랑에
소리가, 말이 너무 고프고
입이 무거워
입안에서 가슴 속에서
맴맴 돌고
말들이 아우성을 친다

신라의 달밤
길어진 왕의 귀를 지키기 위해
내 입의 비밀을 지키기 위해
긴 세월 - 벙어리 신세
터질 것 같은 가슴을 안고
결사적으로 귀를 지킨다
입을 지킨다

대숲에다 소리를 배설한다

귀의 소리가 요란스럽게
떠들었다
이 대에서 저 대로
입들이 말을 한다
모두가 아는 공공연한 비밀

이곳에
산수유가 노란 꽃잎을 터트리며
하늘하늘 웃는다
　　　— 시 〈두건장이 – 여이설화驢耳說話〉 전문

　이 시의 모티프가 되는 여이설화驢耳說話 소개는 하지 않아도 좋을 것이다. 다만 이 시에서 시적 화자인 두건장이가 자신을 어떻게 인식하고 있는가가 가장 중요하다. 두건장이는 자신을 "…귀를 지키는 자/입을 지키는 자"로 인식한다. 그래서 "가슴이 답답하다/ 귀를 막는 짝사랑에/ 소리가, 말이 너무 고프고/ 입이 무거워/ 입안에서 가슴 속에서/ 맴맴 돌고/ 말들이 아우성을" 쳐서 "길어진 왕의 귀를 지키기 위해/ 내 입의 비밀을 지키기 위해" 결사적이다. 그런데 "대숲에다 소리를 배설한다/ 귀의 소리가 요란스럽게/ 떠들었다/ 이 대에서 저 대로/ 입들이 말을 한다"고 시적 화자인 두건장이는 딴청부린다. 그리고 "이곳에/ 산수유가 노란 꽃잎을 터트리며/ 하늘하늘 웃는다" 저하고는 상관없다는 듯이 유쾌한 웃음을 터뜨린다.

이렇게 이정이 시인의 새로운 모습 중 하나는 우리의 고전이 삼국유사나 설화, 전설에서 모티프를 따와 현대시로 형상화하려는 주제 전통 계승의 문학적 노력을 하려 한다는 점이다. 이와 같은 맥락의 시가 〈소금장수의 기억〉이다. 이 시가 주목받을 수밖에 없는 이유는 시적 모티프를 이 시의 전반부는 우리 고전인 《삼국유사》에서 모티프를 계승한 점도 있지만, 후반부는 그리스 신화의 '레테의 강'까지 차용하고 있다는 점이다.

강도 아니고 바다도 아닌/ 삼각지 로터리/ 흰머리 풀어헤친 백수광부/ 억새와 갈대를 꺾는다// 소금은 그녀의 어린 날로 가고/ 별빛처럼 초롱초롱한 눈으로/ 반짝거린다/ 기억의 강은/ 깜빡깜빡/ 가물가물거리며 저물어간다// 백수광부는 님의 머리 위에 / 갈대를 꽂아주고/ 님의 기억을 잡으려고/안간힘을 쓴다// 님아! 오늘은 뭘 했는가?/ 몰라!/ 오늘 소금 장사를 하지 않았는가?/ 맞아!/ 그럼 공책에다/ 보석 알갱이같이 하얗고 빛나는/ 짜고도 깊은 그 맛을 향해/ 강을 건너고/ 바다를 건너왔노라고 적어라!// 꽃다운 스무 살 님을 잡으려고/ 그대의 주변 사람들에게/ 소 한 마리 값을 풀었건만/ 님 없는 내 삶은 어떡하라고/ 기억이여! 가지 마오/ 나를 떠나지 마오/ 나를 기억해 주오/ 님아! 그 강을 건너지 마오/ 나의 손을 꽉 잡으시오/ 나는 님을/ 레테의 강, 망각의 강/ 죽음의 차가운 강을/ 건너가게/ 놓아둘 수가 없다오
　　　　　　　　　－ 시 〈소금장수의 기억〉 전문

그러나 이 시에서 이야기하려는 메시지는 신라가요 〈공무도하가〉를 나름의 재해석과 재창조를 통해서 이 시의 결말 부분인 "나는 님을/ 레테의 강, 망각의 강/ 죽음의 차가운 강을/ 건너가게/ 놓아둘 수가 없다"는 의미의 타당성을 전언하기 위해서, 시인은 백수광모의 노래를 남편이 백수광부의 노래로 바꾼다. 부인의 기억 소실, 혹은 치매를 치료하기 위해 소금 장사를 하는 "백수광부는 님의 머리 위에/ 갈대를 꽂아주고/ 님의 기억을 잡으려고/ 안간힘을 쓴다// 님아! 오늘은 뭘 했는가?/ 몰라"라고 되묻는다. 그리고 끝내는 결말 부분의 "님 없는 내 삶은 어떡하라고/ 기억이여! 가지 마오/ 나를 떠나지 마오/ 나를 기억해 주오/ 님아! 그 강을 건너지 마오/ 나의 손을 꽉 잡으시오"라고 절규하면, "나는 님을/ 레테의 강, 망각의 강/ 죽음의 차가운 강을/ 건너가게/ 놓아둘 수가 없다오"라고 죽음의 강을 건너가지 못하도록 노래한다. 죽음도 극복해보려는 노부부의 사랑의 절실함이 잘 드러나는 시이다.

같은 맥락 시가 〈나뭇잎 – 제망매가의 누이 회상〉의 모티프가 되는 신라가요 〈제망매가〉다. 저자는 승려 월명사이다. 그러나 이 〈나뭇잎〉은 부제 '제망매가의 누이 회상'으로 보아 누이가 시적 화자이다. 월명사의 〈제망매가〉는 생사의 무상을 알고, 누이의 극락 환생을 기원하는 노래이다. 그러나 이정이의 〈나뭇잎〉은 〈제망매가〉의 "ᄒᄃᄂ가지라 나고/ 가논 곧 모두론뎌(한데 가지로 태어나서/ 가는 곳을 모르는가"에서 '하나의 가지' 즉 같은 부모에서 태어난 자식들, 동기간의 이야기를 나뭇잎 이미지로 전환하여 창조한다. "나뭇가지에 매달린 가녀린 몸체는/ 작은 바람에도 흐느적거렸죠/ 나무에서 나고 자랐지만/ 품을 떠나 내 멋대로 나부대며/ 춤을 추었죠/ 이길 저길 휩쓸리며/뿌리 없는 자식처럼 가볍게 흩날렸죠// (…)// 여린 삶의 초록빛은/ 덧없이 가지를 떠나/ 이생을 떠돌고/ 생사길에서/ 하얀 소지가 되어/ 하늘로 사라지고 말겠죠"라고 흩어져 사는 동기간의 삶과 인생무상을 노래한다.

2. 사랑의 공식, 하나의 예

보통의 여성 시인에게 있어 일상생활을 모티프로 한 시 중 가족 이야기는 유년 시절이 부모님이나 가족에 대한 그리움이 많은 것에 비해, 비교적 가족 모티프의 시가 적었던 제3시집 이정이 시에 두드러진 현상 중 하나는 '그' '그 사람'이라 지칭되는 남편을 모티프로 한 시가 주목된다는 점이다.

> 구부러진 목뼈에/ 양어깨를 펼치고/ 늘 높이 걸려 있어도/ 무겁지도 외롭지도 않았고/ 그의/ 체취를 음미하며/ 보드레한 감촉에 기대고// 멋있는 나래를 펼칠/ 비상의 꿈에 부풀었고/ 어느 날 화려한 꽃무늬로/ 어느 날 붉은 정열로/ 어느 날 검은 경건으로/ 그를 맞았고// 삶의 무게에/ 뻣뻣한 어깨가 무거웠고/ 그의 웃음소리가 냄새로 배

어와/ 내게 기대었고/ 그의 짜증 소리가 냄새로 배어와/ 나를 슬프게 했고// 슬픔에 짓눌려/ 어깨를 들썩이며 울었고/ 나 또한 그의 아픔을 외면했고// 내 어깨뼈는 너무 가늘었고/ 힘이 없었고/ 유연하지도 않았고/ 그의 무겁고 많은 옷을/ 받아내기에는/ 삶의 연륜이 부족했고// 앵돌아져 앉았던 날도/ 돌아서 버린 날도/ 그의 슬픔은/ 내게 진하게 젖어왔고/ 나는/ 그의 등을/ 바라만 보고/ 그의 옷깃을 여미며/ 한없이 마음을 넓히고/ 내 어깨뼈는 꼿꼿이/ 힘줄이 생기고// 나는 그의 옷걸이

― 시 〈나는 그의〉 전문

위의 시 〈나는 그의〉는 비교적 긴 시이다. '그'의 존재에 인식이 추상적이지 않고 구체적이다. "구부러진 목뼈에/ 양어깨를 펼치고/ 늘 높이 걸려 있어도/ 무겁지도 외롭지도 않았고/ 그의/ 체취를 음미하며/ 보드레한 감촉에 기대고// 멋있는 나래를 펼칠/ 비상의 꿈에 부풀었고"와 같은 이 시의 1연의 표현으로 보아 이 시의 '그'라는 존재는 남편이 틀림없다. "그의 웃음소리가 냄새로 배어와/ 내게 기대었고/ 그의 짜증 소리가 냄새로 배어와"에서의 웃음과 짜증 소리가 냄새로 배어왔다는 청각적 이미지를 후각적 이미지로 전이시키는 공감각은 남편 아니면 가능하지 않은 공감각이다. 따라서 이렇게 구체적인 것으로 보아 '그'라는 존재는 남편이다.

특히 그 공감각이 "나를 슬프게 했고// 슬픔에 짓눌려/ 어깨를

들썩이며 울었고/ 나 또한/ 그의 아픔을 외면했고// 내 어깨뼈는 너무 가늘었고/ 힘이 없었고/ 유연하지도 않았고/ 그의 무겁고 많은 옷을/ 받아내기에는/ 삶의 연륜이 부족했고"는 정서와 의식은 공유가 가능한 가족만이 가능한 교류이다. 더욱이 "나는/ 그의 등을/ 바라만 보고/ 그의 옷깃을 여미며/ 한없이 마음을 넓히고/ 내 어깨뼈는 꼿꼿이/ 힘줄이 생기고// 나는 그의 옷걸이"에서 '나는 그의 옷걸이'라는 의식은 공유의 밀착도를 강하게 하는 정서와 의식이다.

또 다른 서정적인 시 〈그 사람〉에서는 "그리움이 젖어 드는/ 노을에 서서/ 가을 열매의 달콤함으로/ 감사와 축복을/ 들어부으면/ 어스름 저물녘/ 푸른 들판에 서 있던/ 그 사람이/ 들국화 옆에서/ 더욱 아름다운/ 황금빛 들녘이 되고"(시 〈그 사람〉 전문 중에서)를 보며 이러한 확신이 굳어진다.

이에 따라 이정이 시인은 시 〈부부 연가〉에서 이렇게 노래한다. 이 시의 전반부 1, 2연에서는 부부를 우물로 비유한다. "그것이 싹이 트면/ 원하고 바라고/ 이해, 배려, 보살핌, 동정/ 자애 궁휼 관심/ 그것은 끝없이 솟아나는 우물// 우물엔 얼마만치/ 물이 있는지 모르고/ 풍덩거리며 두레박으로/ 물을 퍼 올리고/ 그것은 목마르다고 불평하고/ 그것은 소유 욕망 집착/한없이 갈구하고/ 끝없이 바라보고"라고 다분히 아포리즘적이지만 부부관계와 우물을 새롭게 제시해주고, 후반부 3연에서는 동반자가 아닌 동행자로 인식한다. "그것은 지평선/ 그것은 12 완성자가 아닌/ 11자로 부족한 채 가기만 하고/ 11자의 그림 같은 풍경/ 나란히 나란히 가는/ 동반자가 아닌 동행자"라는 인식이 그것이다. 그리고 마지막 4연에서는 "그것을 지키는/ 가깝고도 먼/ 신비스러운 당신의 모습/ 그것은 영원하지 않지만/ 그것이 떠나면/ 온 세상이 떠나고/ 그 끝은 실망과 절망/ 오지 않는 그것을/ 꼽아 기다리고/ 그것은 불멸의 연가일 뿐"이라며 앞서 제시한 우물 이미지와 동행자 인식을 지킬 때 부부관계는 신비로우면서 불멸의 연가가 될 수 있음을 힘주어 노래한다.

  이와 같은 맥락에서 이정이 시인은 〈사랑 공식 1〉과 〈사랑 공식 2〉를 노래해준다. 〈사랑 공식 1〉의 부제는 '인연의 종'이다. "사랑이 많은 사람은/ 주기만 하니 손해를 본다죠"라고 시작된 이 시는 후반부에서 "눈뜨면 현관에 신발이/ 몇 켤레 있는지도 헤아려야 하고/ 쌀독에 쌀이 있는지도 봐야 하고/ 그들의 표정도 살펴야 하고/ 매일 삼시세끼/ 밥을 해 먹여야 합니다/ 쓴 나물만 먹고 허리끈을 졸라매어도/ 마음은 그들을 거느리고 안아야 하고/ 달콤한 미소도 지어야 합니다/ 매임이 숭고한 사랑의 깃발이라고요/ 슬픈 내색도 아픈 내색도 사치입니다/ 기쁘게 겸손하게 죽는 날까지도 그들을/ 품어야 하는 일이랍니다/ 나는 그들이 구하면 주어야 하는/ 하늘의 인연이 내린 종이랍니다"로 마무리하면서 기독교적인 봉사와 사랑을 보살핌의 미덕으로 노래하며, 그것이 하늘이 맺어준 '인연'임을 노래한다.

  부제 '사슬'이라 붙여진 〈사랑 공식 2〉의 서두를 이렇게 시작

한다. "사랑한다는 것은/ 자신을 죽여야만 한다죠/ 그늘진 쌓인 죽음 위에/ 사랑이 울고 있어요"라고 다분히 아포리즘적으로 노래하면서 한 그루 나무를 통해서 '사랑 공식'을 노래한다.

 (…)

 화려했던 꽃 진 자리에
 사랑의 꽃말이
 씨앗을 맺고
 꽁꽁 얼어붙은 대지에
 여름 이야기를 품은 씨앗은
 점점 땅속으로 동면을 하지요

 잎눈을 품고
 눈 내리는 설원의
 언덕 위에서
 나뭇잎 떨어져 버린
 헐벗은 나무 한 그루
 맨몸으로 바람을 맞으며
 떨고 서 있어요

 사랑을 품고
 봄을 품고
 잎눈이 터지고
 꽃눈이 터질

때를 기다려요
대지는 너른 품으로

바람의 소리를
들으며 온몸을 내놓고
눈 내리는 얼음산을
하얗게 지키네요
나무는
― 〈사랑 공식 2 ― 사슬〉 중에서

　이 시의 시적 자아는 "헐벗은 나무 한 그루"이다. 나무는 "꽁꽁 얼어붙은 대지에/ 여름 이야기를 품은 씨앗"을 동면시키고, "맨몸으로 바람을 맞으며/ 떨고 서 있"지만, "사랑을 품고/ 봄을 품고/ 잎눈이 터지고/ 꽃눈이 터질/ 때를 기다"리고, 또한 "바람의 소리를/ 들으며 온몸을 내놓고/ 눈 내리는 얼음산을/ 하얗게 지키"는 것이 나무의 사슬이며, 그것이 곧 나무의 사랑 공식이라는 것이다. 그처럼 사람들도 그렇게 살고 사랑한다는 삶의 공식, 사랑 공식이다. 인간 삶의 공식을 사랑의 공식으로 보여준 새로운 시각의 시라 할 수 있을 것이다.

3. 슬픈 시와 성령의 시

　필자는 서정시의 핵은 슬픈 노래[悲歌]라는 어쩌면 편협된 의식을 가지고 있다. 그러나 아리스토텔레스는 인간을 전율하게 하는 정서를 연민과 공포라고 언급하고 있지만, 이 또한 슬픔과 연결되어 있다. 특히 연민이라는 정서는 슬픔이라는 정서의 중심에 자리하고 있다. 그래서 인간을 감동하게 하는 정서는 슬픔이라는 판단 때문에 비가悲歌를 서정시의 핵으로 놓고 있는 것이다.

이정이 시의 〈비가〉는 어떤지 보자.

> 검은 우산을 쓴
> 그녀가 서러워
> 옷을 적시며
> 서 있다
>
> 하늘은 흐린데
> 온몸이 축축하게 젖은
> 그녀가
> 눈물을 뿌리며 길을 간다
>
> 얼굴 위에 떨어지는
> 방울 방울은
> 비의 물방울
> 그녀의 삶을 적바림한
> 슬프고 애절한
> 눈물로 쓰인 노래
>   ㅡ〈비가〉 전문

이 시에서 낯선 시어는 '적바림한'이다. '적바림'의 사전적 의미는 "나중에 참고하기 위하여 글로 간단히 적어 둠. 또는 그런 기록" 즉 메모 같은 것을 의미한다. "얼굴 위에 떨어지는/ 방울방울은/ 비의 물방울"이 검은 우산을 쓰고 비를 맞으며 서 있는 그녀의 삶을 메모한 "슬프고 애절한/ 눈물로 쓰인 노래"라는 정서는 특이하다. 그리고 엘리엇의 '객관적 상관물 이론'의 좋은 예가 되는 시이다.

앞서 말한 바 슬픔은 정서나 공포라는 정서와 끈이 닿아 있는 것만 아니라 인간의 많은 정서와도 연결을 지니고 있다. 예컨대 원초적 시의 정서인 그리움이나 기다림, 외로움 등과 관련 있는 모든 정서와 긴밀한 관계를 지니고 있다. 이를 살피기 위해 몇 편의 시를 보자.

① 꿈인지 생시인지
생의 길인지
죽음의 길인지
그 빈집에서
무엇을 찾는가?
누구를 기다리는가?

발그림자 고요하고
발걸음 소리
처연히 들려오고

삶은 시끄러운 곳인데
아무도 없다
    －〈빈집〉 중에서

② 삶과 죽음의 곡예
넘어가고 싶은 유혹에
안달이 나고
두렵고 불안하고
안절부절 망설임
마음 방황
노란색으로 돌아가고
숨이 달달 콩 볶는
가쁜 소리를 내고

한 발자국 가까이 가 보고
절벽 끄트머리에 서고

기다리면 초록의 시간이 오련만
잡으려고 불나방처럼
뛰어들고 싶은
초조한 마음은 뭔지
바빠지고
돌아갈까 건너갈까
기다릴까
지름길은 없고
  － 시 〈금지의 시간 - 신호등 앞에서〉 중에서

③ 세상사 아무것도 보이지 않고
　　아무 일도 하지 않고
　　아무 생각도 하지 않고
　　누구에게도 시달리지 않고
　　누구를 보살피지도 않고
　　누구 눈치도 보지 않고
　　누구 비위도 맞추지 않고
　　들리지 않는 적요 속에서
　　　　- 시 〈그윽한 방〉 중에서

　위의 세 편의 시는 감각적으로 주목받아도 좋을 시들이다. ①의 〈빈집〉은 비어있는 허름한 기와집을 모티프로 한 시이고, ②의 〈금지의 시간-신호등 앞에서〉는 부제가 시사하는 바 신호등 앞에서 사유한 정서와 의식의 시이다. 그리고 ③의 시 〈그윽한 방〉은 제목 그대로 방을 모티프로 한 시이다. 이 세 편의 시를 관통하는 공통된 모티프는 외로움 고독 혹은 적막 그리고 죽음이다.

　①의 〈빈집〉은 "담벼랑 위로 뻗어 올라간/ 하얀 박꽃"과 감나무와 집을 지키고 있는 빈집을 "신기루 같은/ 삶의 언덕길은/ 가팔라 숨이 차고/ 오르고 올라도/ 집 찾기는 끝이 없고/ 날은 저물고/ 중 마루에 올라서나 싶었는데/ 어느새 아득한 미로/ 홀로/ 내려오는 밤길/ 달도 별도 숨어버리고/ 발이 더 꼬인다"고 고적함을 아름답게 감각적으로 표현하고 있지만 슬프다. 죽을 곳으

로 가는 길이 삶의 길인지 죽음의 길인지 알 수 없어 슬픈 시다.

②의 〈금지의 시간 – 신호등 앞에서〉 시에서는 시인은 신호등을 "인생의 달고도 쓴맛에/ 혀가 녹아내리고/ 파멸의 불구덩이/ 쟁취의 환희/ 선택의 기로"로 인식하고 있으면서, 위의 인용 부분에서 보듯이 "삶과 죽음의 곡예/ 넘어가고 싶은 유혹"을 견디지만, "돌아갈까 건너갈까/ 기다릴까" 기다리지만 "지름길은 없고" 건너게 하는 신호등이라 슬프다.

③의 시 〈그윽한 방〉은 "뜨겁고 붉은 해가 지고/ 차갑고 노란 달이 뜨고/ 반짝이는 뭇별이 점점이 나오면/ 적막 같은 조용함이 밀려오"는 그윽한 방이지만 위의 인용문처럼 "세상사 아무것도 보이지 않고/ 아무 일도 하지 않고/ 아무 생각도 하지 않고/ (…)/ 들리지 않는 적요 속에서" 웅크리고 있는 외로운 방이라 슬프다.

시 〈봄의 이력〉과 〈곧을 정貞〉이라는 시에서 시인의 정체성을 찾아볼 수 있지만, 그래도 가볍고 상쾌하게 시인의 정신세계를 탐색할 수 있는 시는 〈새벽 향기〉이다.

> 새벽을 깨우며 눈을 뜬다
> 새벽이 나를 자꾸만 부른다
> 나무 위에서 새들이 지저귄다
> 상쾌하고 서늘한 공기
> 코끝에 스며든다
> 정신이 눈을 번쩍 뜬다

새벽 향기가
무언가를 하게 한다
공기가 좋아 기분이 좋아
무언가를 하게 한다
몸도 마음도 달린다

하나님이 주신 새날이다
새롭게 새롭게
뛰고 싶다
바람도 뛰어가고 나도 뛰어가고
바람도 날아가고 나도 날아간다

공간이 없어지며
나는 한 마리 작은 새가 된다
맑다, 가볍다, 나른다
사라진 새벽바람 사이

동창이 밝아 온다
햇살이 따사롭다
　　　　　　　　－ 시 〈새벽 향기〉 전문

  이 시는 크리스천인 시인의 새벽 예배의 체험이 묻어난 시이다. 이 시에서 새벽 향기는 1연에서 서정적 자아를 깨우고, 부르고 새를 지저귀게 하고, "무언가를 하게 한다/ (…)몸도 마음도 달"리게 하는 것은 "하나님이 주신 새날"이기 때문이라는 것이다. 그 새날은 "새롭게 새롭게/ 뛰고 싶다/ 바람도 뛰어가고 나도 뛰어가고/ 바람도 날아가고 나도 날아간다/ 공간이 없어"지게 하는 신비로운 날이라는 것이다. 그래서 시적 자아는 "한 마리 작은 새가" 되어 "사라진 새벽바람 사이"와 맑게 가볍게 날을 수 있다는 것이다. 그로 인해 "동창이 밝"아 오고, 햇살조차도 따사롭다는 것이다. 이러한 의식은 성령을 갖지 않으면 가능하지 않은 상상력이다.

어떤 국면에서 종교가 문학성의 저해 요소가 될 수 있지만 이러한 정서는 소중하다. 자연과 인간과 초월적인 성령으로 인해 그것들이 하나가 될 수 있는 상상력은 문학에 있어서도 귀중하다. 그런 점에서 필자는 그의 종교시 혹은 기독교 시를 기대한다. 이정이 시인이 쓰는 기독교 시는 어떤 시일까? 궁금해진다.

이정이 시인의 새로운 세계의 열망으로 기존과 사고를 전환하여 신화나 전설을 원형으로 하는 시나 사랑의 공식이 함유된 시 속에도 그 성령을 발견할 수 있을 것이기 때문이다. 따라서 그의 다른 작품을 기다린다.

이정이 제3시집

사랑 공식

초판인쇄 | 2025년 8월 28일
초판발행 | 2025년 9월 02일

지은이 | 이 정 이
펴낸이 | 서 정 환
펴낸곳 | 인간과문학사

주   소 | 서울특별시 종로구 삼일대로 30길 21.
          종로오피스텔 714호
전   화 | 02)3675-3885, 063)275-4000
등   록 | 제300-2013-10호
e-mail | inmun2013@hanmail.net

값 15,000원
ISBN 979-11-6084-260-9   03810

* 저자와 협의하여 인지는 생략합니다.
* 잘못된 책은 바꿔 드립니다.